A mi madre,

mi esposo

y

mis hijos, Genia y Danilo,

con amor.

Copyright © 2013 Genia I. Nunez

Basado en el cartel El Ciclo de los Siete Días de la Semana © 2000

Previamente impreso en 2009.

Edición revisada.

Editado por Genia D. Nunez Hernandez

www.genimpublishing.com

ISBN: 0991348508
ISBN-13: 978-0-9913485-0-3
LCCN: 2013923522
New York, NY

Todos los derechos reservados. Esta publicación no puede ser reproducida, ni en todo ni en parte, ni registrada en o transmitida en un programa de recuperación de información, en ninguna forma ni por ni ningún medio, sea mecánico, fotoquímico, electrónico, magnético, electroóptico, por fotocopia o cualquier otro, sin el permiso previo, por escrito, de la editorial.

El Ciclo de los Siete Días de la Semana

Genia I. Nunez

El sol sale cada día,
y cada día estará lleno de sorpresas.
¡El día de hoy puede desaparecer tan rápido como una burbuja!

Cada día de la semana es un regalo para disfrutar.
Es nuevo y único.
Aunque hagamos cosas similares,
cada día será diferente.

La luna de noche y el sol de día.
¡Es un brillante nuevo día!
¿Qué día es hoy?

Si sabemos que día es
sabremos qué hacer y qué el día nos traerá.

El sol de día y la luna de noche.
Día y noche, noche y día hacen los siete días de la semana.

Los siete días de la semana forman un ciclo que se repite siempre en el mismo orden.

Días de la Semana

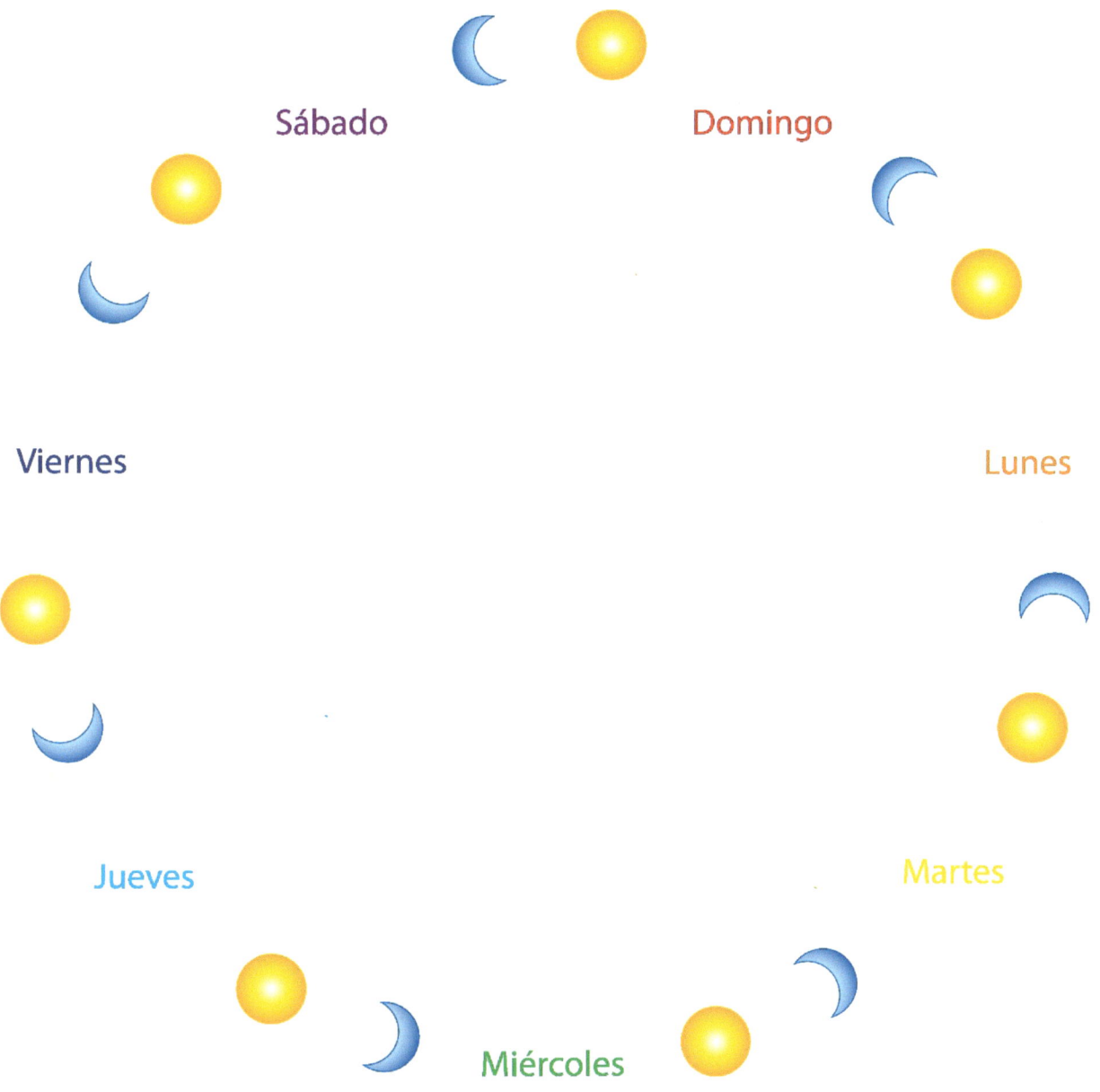

Un ciclo es una secuencia que tiene un principio y un fin.

Un día comienza y un día termina.
Cada semana comienza con el Domingo y termina con el Sábado.

Aprendamos la secuencia de los siete días de la semana.

Un Ciclo de Siete

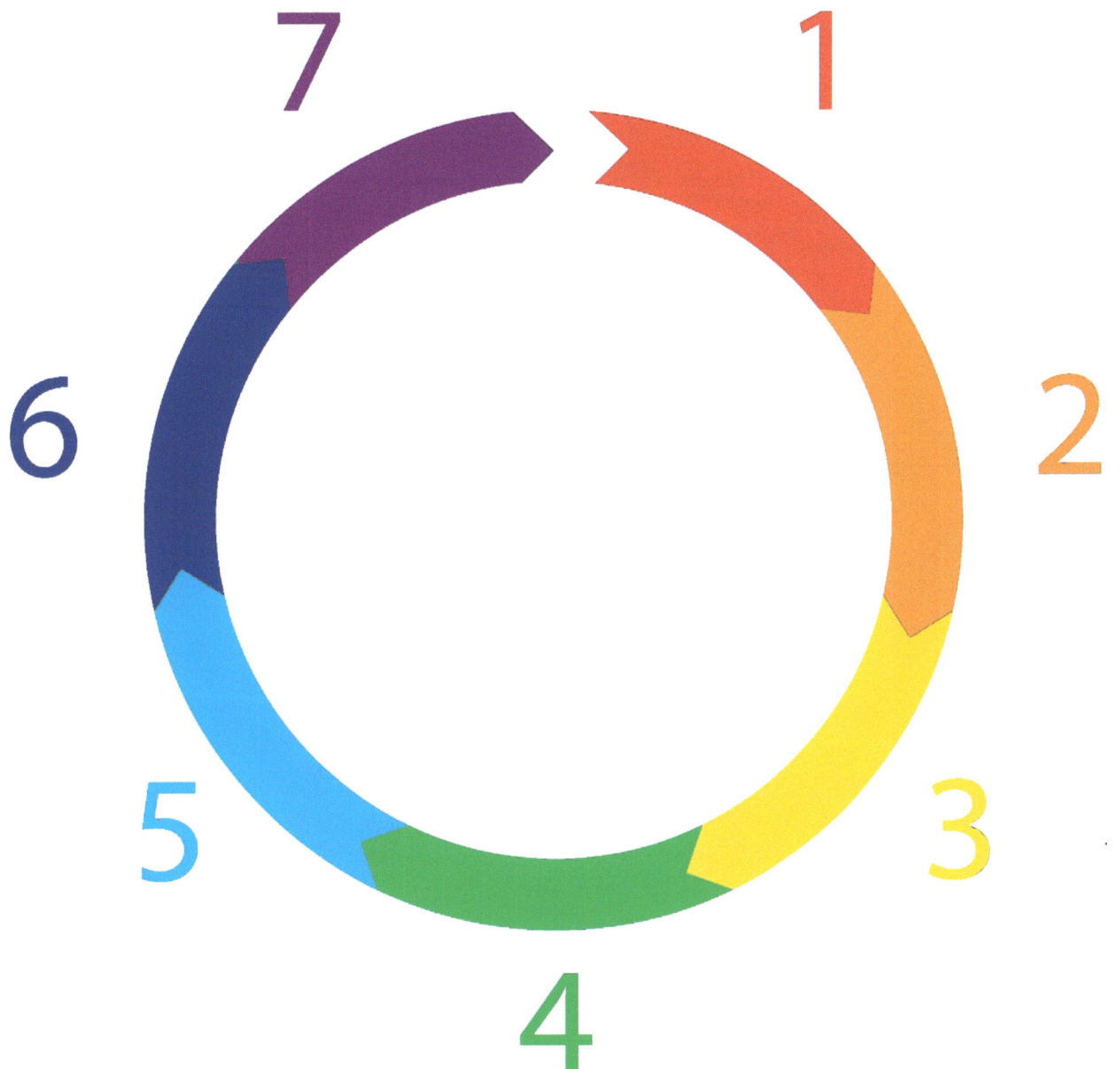

¡Hoy es un día hermoso!
Hoy es **Domingo**, es el primer día de la semana.

Compartimos con nuestra familia,
vamos a la Iglesia y nos reunimos con amigos.

¡Mañana será otro día!

Domingo

1

Hoy es un nuevo día.
Es **Lunes**, es el segundo día de la semana.

Es el primer día de clases.
Mi mamá me lleva a la escuela.

¡Es tiempo de aprender!

Lunes

2

Otro nuevo día.
Es **Martes**, es el tercer día de la semana.

Me levanto temprano, me desayuno
y voy a la escuela.

¡Mis tareas están listas!

Martes 3

¡Estamos a mitad de la semana!
Hoy es **Miércoles**, es el cuarto día de la semana.

Durante el recreo vamos al patio de la escuela.
Jugamos juntos y nos divertimos.

¡Me gusta compartir!

Miércoles

4

¡Es otro nuevo día!
Hoy es **Jueves**, es el quinto día de la semana.

La maestra nos ayuda a aprender la lección
y nos lee un cuento.

¡Leer y escribir es divertido!

Jueves

5

De nuevo otro día.
Es **Viernes**, es el sexto día de la semana.

Aprendemos mucho en la escuela haciendo diferentes actividades;
como jugar, dibujar, leer y escribir.

¡Está muy cerca el fin de semana!

Viernes 6

¡Es un brillante nuevo día!
Hoy es **Sábado**, es el séptimo y ultimo día de la semana.

Hoy no hay clases, es un día de descanso.
Puedo ver televisión, ir al parque con mi familia y jugar mi deporte favorito.

Mañana será **Domingo**.
¡Una nueva semana va a empezar!

Sábado

7

¡Ahora ya me aprendí los siete días de la semana!

Ellos son:

Domingo
Lunes
Martes
Miércoles
Jueves
Viernes
Sábado

Siete días tiene una semana para
trabajar, aprender, descansar y divertimos.
Están en una secuencia día tras día.

Si se que día es hoy,
sabré que día será mañana
y que día fue ayer.

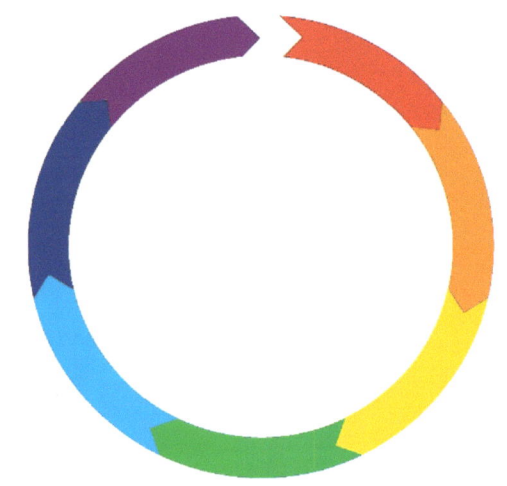

El ciclo de los siete días de la semana
se repite semana tras semana.

Acabamos de aprender que siete días hacen una semana.

Pronto aprenderemos que cuatro semanas hacen un mes.

Además, doce meses hacen un año el cual tiene su propio ciclo.

¡Y así otra y otra vez!

Una Semana